# Lettre ouverte
# à Harlem Désir

ISBN : 2-86930-379-3
© 1990, Editions Rivages
27, rue de Fleurus-75006 Paris
10, rue Fortia-13001 Marseille

Julia Kristeva

# Lettre ouverte
# à Harlem Désir

Rivages

# Pourquoi ?

La xénophobie, le racisme, l'antisémitisme deviennent en France la pornographie manifeste des mœurs sociales. Bien entendu, cela n'a rien à voir avec le Troisième Reich pour lequel Hitler affirmait cyniquement que l'antisémitisme était la seule forme de pornographie autorisée. Cependant, lorsque la violence et la pulsion de mort se déchaînent sur le corps, voire le cadavre, d'un homme, d'une femme, d'un enfant haïs et fascinants parce que *diffé-*

*rents*, force est de constater que la perversion tombe dans la bestialité, et que la sauvagerie des instincts que filtrent nos rêves et nos fantasmes se déverse encore une fois directement dans l'espace politique.

Condamner, s'indigner, punir ? Absolument. Nécessairement.

Je crains, cependant, que le jugement ne soit pas la meilleure façon de liquider la perversion raciste et nationaliste, et qu'au contraire, à simplement souligner le mal, on risque de l'authentifier et de le fixer.

Il est urgent de trouver des pensées et des actes qui refusent les oppositions schématiques (à *vous*, le racisme et le nationalisme, à *nous*, l'humanisme et le cosmopolitisme), et cherchent les causes de la crise politique et morale. *Causes économiques* : les rejetés de la société du profit informatique n'ont pas d'ennemi repérable, ils manquent d'espoir monétaire et, plus cruellement encore, d'espoir syndical. *Causes psychologiques* : les humiliés et les déçus d'une identité idéologique ou religieuse cherchent une valeur pure et dure pour y raccrocher leurs désirs sans emploi. *Causes politiques* : la classe des notables auto-amnistiés se contente de "gérer" quand elle ne se discrédite pas, alors que les perspectives sont incertaines pour la France en Europe et dans le monde.

Je ne plaide pas. J'adresse ces lignes comme on adressait un roman au dix-huitième siècle : en donnant (secrètement, naïvement, prétentieusement ?) aux figures imaginaires une portée publique, peut-être politique, et dans l'attente d'une nouvelle espèce d'humanité à l'issue des bouleversements économiques, démographiques et religieux, de la fin de ce siècle.

Française d'adoption, attentive aux paroles, aux écrits, aux cauchemars, je continue à croire en ce pays dont le style de vie correspond à la société fluide que j'imagine être celle de l'avenir post-industriel, et dont l'hétérogénéité soudée par la Monarchie, puis par la Révolution et l'Ecole me paraît pouvoir accueillir les actuels immigrés et s'intégrer sans réticences craintives dans une Europe élargie.

La communauté européenne, à peine et difficilement constituée, est sollicitée par de nouvelles exigences qui la déstabilisent autant qu'elles lui donnent, à long terme, des ambitions et des issues nouvelles. L'Hexagone sera peut-être plus entreprenant en Europe en envisageant dès maintenant des alliances prospectives pour demain. La France – tête de l'anneau latino-maghrébin, du serpent méditerranéen qui conjoint catholiques, musulmans et juifs ? Ou bien la France – initiatrice d'une confédération européenne qui embrassera, progressivement, les pays en voie de développement du Danube à l'Oural ?

En tout cas, un redécoupage de la carte du monde s'annonce, avec de nouveaux groupements entre les nations sûres d'elles-mêmes et tolérantes, qui remplaceront les Empires et les Blocs. Seront-ils d'inspiration humaniste ou d'inspiration religieuse ? La tradition française pourrait favoriser un rassemblement des peuples qui, poussés par la démographie et les besoins économiques, trouveront leur espace vital sous le signe de l'humanisme des Lumières. Rien ne garantit cette perspective que je fais mienne. Si ce n'est une tradition nationale brillante, une culture littéraire qui mélange plus étroitement qu'ailleurs les passions du peuple et les efforts des intellectuels, et une volonté politique, latente ou future, qui cherche son souffle, pour donner un nouveau sens à la nation française et la porter ainsi vers les autres.

13 mai 1990

# Lettre ouverte à Harlem Désir

Le 24 février 1990

Cher Harlem Désir,

L'heure tardive et la rapidité de la discussion ne m'ont pas permis, je le crains, d'expliciter mes propos au sujet de la nation aujourd'hui. Je souhaiterais le faire, ne serait-ce que brièvement, par cette "lettre ouverte" qui s'adresse à vous et aux autres participants du *Forum*.

17

Non, je ne pense pas que désormais l'avenir ne se situe plus dans le cadre national. Non, je ne suis pas de ceux qui considèrent que revendiquer le "national" revient immanquablement à imposer, de manière "soft", des valeurs raciales.

Etrangère et cosmopolite (comme j'ai essayé de le dire dans *Etrangers à nous-mêmes*, Fayard, 1988), je revendique cette atopie (l'étrangeté) et cette utopie (une concorde des hommes sans étrangers, donc sans nations) comme moyens de stimuler et d'actualiser la discussion sur le sens du "national" aujourd'hui. Car je suis convaincue que l'histoire française et européenne actuelle, et plus encore celle du reste du monde, impose, pour un *long moment*, la nécessité de penser une conception nouvelle et souple de la *nation*, dans et à travers laquelle va se jouer l'avenir économique, politique et culturel du siècle à venir.

Certes, Freud a démontré combien l'agglomération des hommes et des femmes en groupes est oppressive et mortifère. "La société est fondée sur un crime commis en commun", écrit-il dans *Totem et Tabou*, et l'exclusion des "autres", qui cimente l'identité d'un clan, d'une secte, d'un parti ou d'une nation, est source aussi bien de plaisir identitaire ("voilà ce que *nous* sommes, donc voilà ce que *je* suis") que de persécution barbare ("voilà ce qui m'est étranger, donc je l'expulse, je le pourchasse ou je le massacre"). Les causalités complexes qui régissent les ensembles sociaux ne se confondent évidemment pas avec les lois de l'inconscient pour un sujet, mais ces logiques inconscientes demeurent une partie constituante, une partie essentielle, de la dynamique sociale et donc nationale.

En effet, je suis convaincue, qu'à long terme, seul un travail en profondeur sur notre rapport singulier à l'*autre* et à l'*étrangeté en nous* pourra conduire les hommes à abandonner la chasse au bouc émissaire extérieur à leur groupe, laquelle les autorise à se replier sur leur "quant-à-soi" ainsi purifié : le culte du "propre" dont le "national" est la forme collective, n'est-il pas le *commun dénominateur* que nous imaginons avoir "en propre", justement, avec les autres "propres" comme nous ?

Cependant, ce cheminement éthique que proposent *la psychanalyse*, mais aussi, et d'une autre façon, *la philosophie contemporaine* – attachée à analyser la singularité et le droit à l'exception comme aboutissement et dépassement des droits de l'homme –, ainsi que la *littérature* qui s'écrit comme une défense de la dignité de l'étrange, ce cheminement éthique, donc, qui peut élaborer des discours patients, complexes, engageant la méditation de chacun, ne nous dispense pas, bien au contraire, de reposer la question du "national" :

« Existe-t-il une pensée politique du "national" qui ne dégénère pas en racisme exclusiviste et meurtrier, sans pour autant se dissoudre dans le sentiment océanique d'un "S.O.S.-Fraternité absolue", offrant le temps d'un soir, pour tous ceux qui représentent des groupes, des identités historiques respectivement persécutées et persécutoires, la jouissance d'être dans une mer sans frontière ? »

Cette question découle de la nécessité politique moderne qui récuse les formes rétrogrades, raciales ou simplement paresseuses du nationalisme, mais exige une définition optimale du "national", à double titre : comme garant de la fierté identitaire des individus et des groupes, autant que comme charnière historiquement indispensable pour l'inclusion des unités nationales héritées par le passé dans des ensembles politiques et économiques supérieurs.

L'orgueil national est comparable, psychologiquement parlant, à la *bonne image narcissique* que l'enfant reçoit de sa mère et qui évolue, par le jeu croisé des exigences identitaires posées par les deux parents, dans la construction d'un Idéal du Moi. A ignorer, à sous-estimer ou à dégrader cette image narcissique ou cet Idéal du Moi, on humilie et on expose le sujet, ou le groupe, à la *dépression*. Quels en sont les signes ? L'inaction, le retrait de la communication et de toute participation aux projets et représentations collectifs. Ou bien, en contrepoids, solidaire, l'exaltation narcissique qui retrouve des "idéaux" renforcés, surmoïques, hyperboliques dont on connaît les excès agressifs et paranoïdes. Entre le suicide et la barbarie, la marge est mince pour celui – individu ou nation – qu'on a déchu de son image narcissique optimale, de son Idéal du Moi régulateur.

Mais où se situe *l'optimal* ? Tel est l'aspect le plus difficile de la question.

Force est d'abandonner, ici, les allusions psychanalytiques et de nous tourner vers la sociologie politique. Loin de moi l'idée de proposer *un* modèle, encore moins *le* modèle national optimal. Je me bornerai seulement à faire un recours à une réflexion qui a marqué la pensée politique française du siècle des Lumières, et j'essaierai d'en tirer quelques enseignements pour la question nationale aujourd'hui.

Montesquieu (1689-1755), tant commenté et tant revendiqué, référence majeure de penseurs aussi opposés que R. Aron et L. Althusser (pour ne citer que deux théoriciens français récents [1]), sera mon point de départ. On me pardonnera de ne convoquer que brièvement et schématiquement son œuvre immense, dans le cadre laconique de cette lettre, et pour le but de notre réflexion de ce soir.

Je suis de ceux qui redoutent et rejettent la

notion, due à une lignée de penseurs dont Herder et Hegel, de *Volksgeist,* "esprit populaire". Je sais qu'elle n'est pas bêtement raciale chez l'un, ni simplement absolutiste et totalisante chez l'autre. Herder, le folkloriste, fut un traducteur et son universalisme, héritier des Stoïciens (comme d'ailleurs celui de Montesquieu), du christianisme augustinien et de l'universalisme des Lumières, s'opposait à l'hégémonie nationale, à la suprématie allemande en premier lieu. Il n'en reste pas moins que l'interprétation romantique et l'application nazie du *Volksgeist* me laissent pour le moins perplexe devant l'essor nationaliste des peuples de l'Est européen aujourd'hui ; un essor qui s'énonce dans les mêmes termes d'apologie d'une mémoire éternelle, d'un génie linguistique, d'une pureté ethnique et d'un Surmoi identitaire, tous d'autant plus agressifs qu'ils furent humiliés.

Moteur libertaire pour commencer, ce nationalisme plus ou moins consciemment tributaire du *Volksgeist,* se transforme – on ne le voit que trop rapidement – en force de répression des *autres* peuples et d'exaltation autoritaire de *mon* peuple. L'histoire est-elle en train de reprendre sa marche macabre, qui a transformé l'essor de l'universalisme révolutionnaire sur le continent en nationalisme d'abord résurrectionnel, mais qui finit cependant dans la balkanisation des forces culturelles, politiques et économiques des peuples européens, offerts ainsi à la domination du plus fort des hégémonistes ?

Mais revenons à Montesquieu, au chapitre XIX, 4, de *l'Esprit des Lois* :

« Plusieurs choses gouvernent les hommes : le climat, la religion, les lois, les maximes du gouvernement, les exemples des choses passées, les mœurs, les manières ; d'où il se forme un *esprit général* qui en résulte.[2] »

J'aimerais opposer cet *esprit général* au *Volksgeist* (l'esprit populaire). Loin d'être une idéalité abstraite (on se souvient que, de Burke à Hanna Arendt, tel fut le grief majeur contre la Révolution et les Lumières), cet *esprit général,* selon Montesquieu, a le triple avantage de reformuler *l'unité nationale* comme :

1 – une identité *historique*

2 – une *stratification* de causalités très

concrètes et très diverses (climats, religions, passé, lois, mœurs, manières, etc.)

3 – une possibilité de *dépassement* des ensembles politiques ainsi conçus comme "esprit général" dans les entités supérieures imposées par l'esprit de concorde et le développement économique : « L'Europe n'est plus qu'une nation composée de plusieurs, la France et l'Angleterre ont besoin de l'opulence de la Pologne et de la Moscovie, comme une de leurs provinces a besoin des autres (...)[3]. »

Ni le législatif, ni le politique, ni le national ne peuvent s'arroger, dans la souplesse de ce raisonnement, la place de la "dernière instance" chère à nos pensées simplificatrices. Au contraire, les différents niveaux de la réalité sociale sont réintégrés dans cet *esprit général,* sans être résorbés ; et ceci de s'accomplir, bien évidemment, sous l'influence de l'exemple anglais[4] mais, de manière tout à fait originale, par la force synthétique de la pensée du philosophe français.

Il en résulte pour la définition du *national,* qu'il est :

1 – une *identité historique,* d'une *fixité* rela-

tive (la tradition) et d'une *instabilité* toujours prévalante dans une actualité donnée (sujette à évolution)

2 – d'une *multiplicité logique* qu'il s'agit de maintenir dans sa diversité sans pouvoir rabattre un niveau social (logique) sur un autre. Ainsi, les lois règlent les actions du citoyen, mais des non-lois règlent les mœurs (conduites intérieures) et les manières (conduites extérieures). Tenir compte de cette polylogique sociale implique une extension du domaine *privé,* mais aussi et en conséquence, du *droit privé,* par lequel le législateur garantira le libre exercice des mœurs et des manières qui, on le croit, à rebours, assouplissent la pratique même de la législation en conduisant le *général* (c'est-à-dire le national réglé par le législatif) à se concrétiser dans le *particulier* (à garantir les libertés individuelles au sein, dirais-je, de la "nation" ? – plutôt de *l'esprit général*). Ainsi, non seulement la rigidité d'une conception *nationale*, fixiste, biologique, totalisante, immémoriale et immobile est écartée (après qu'on en a reconnu l'existence, notamment sous la forme de notre dépendance vis-à-vis du

climat), mais la notion même de *citoyenneté* est relativisée :

« Les hommes, dans cette nation, seraient plutôt des confédérés que des citoyens. »[5]

Je voudrais soutenir que la nation comme *esprit général* (au sens hétéroclite, dynamique et "confédéré" que Montesquieu donne à un ensemble politique) est une des plus prestigieuses créations de la pensée politique française. On conçoit qu'elle est difficile à actualiser, encore plus difficile à administrer. L'empirisme libéral de R. Aron prévoyait, pragmatiquement, que cet *esprit général* pouvait se réaliser par un savant balancement entre le *politique* et le *national,* la *dynamique* et la *pesanteur* (on dirait aujourd'hui : entre "citoyenneté" et "nationalité" ?). Une telle interprétation administrative de Montesquieu n'est pas dépourvue d'habileté. Il semble, cependant, que le philosophe des Lumières s'était forgé une vision plus élevée du fait national, qui évite d'isoler, d'une part, le politique abstrait et évolutif (la citoyenneté) et, d'autre part, le national pesant et déterministe (la nationalité) ; mais il a proposé une conception, spécifiquement sienne et française, de l'intégration sans nivellement des différentes strates de la réalité sociale dans l'unité politique et/ou nationale.

Aux spécialistes de la pensée politique, et de Montesquieu en particulier, de continuer ces éclaircissements.

Je me contenterai, quant à moi, de ces brefs indices – sans méconnaître pour autant les ambiguïtés et les utilisations totalisantes voire totalitaires auxquelles peut se prêter aussi la pensée de Montesquieu, j'abandonnerai ses hiérarchies et ne retiendrai que ses hétérogénéités – pour en revenir à leurs conséquences pour l'actualité.

Si le dénominateur commun de la nation française devait ou pouvait être *l'esprit général* au sens de Montesquieu, trois questions majeures se posent :

1 – Que veut dire, aujourd'hui, le fait que l'identité nationale française est *historique* ?

2 – Que signifie conséquemment le fait que la société civile est *polyvalente :* une concordance, une "confédération" de droits privés ?

3 – Comment aménager l'emboîtement de ces différentes identités et strates sociales dans des ensembles où elles se soumettraient à la balance entre *l'esprit général* et le *privé* ?

I – La prise en compte du fait que l'identité nationale française est historique exige d'abord l'évaluation sérieuse de la *mémoire nationale traditionnelle* : les "coutumes de France" (Montesquieu), *toute* son histoire religieuse (catholique, protestante, juive, musulmane) et son dépassement dans les Lumières où, précisément, a pu être pensée la "nation" comme *esprit général*. La valorisation de cette composante laïque – injustement décriée au profit des particularismes qu'elle aurait pu, réellement ou imaginairement, négliger – s'impose, si l'on souhaite élever le concept de nation par-delà ses pièges régressifs, exclusivistes, intégristes ou raciaux.

Il est de la vocation des partis politiques et des médias d'ouvrir des *écoles* et des *programmes* pour rappeler et revaloriser cette tradition, aux yeux des nationaux français pour commencer. Il s'agit, en somme, de leur restituer leur propre histoire, sous la forme la plus digne d'une affirmation nationale complexe qui, comme nulle part au monde, a su s'imposer pour mieux se dépasser ; car il n'y a pas de dépassement d'une identité sans son affirmation satisfaisante. Relisons encore Montesquieu : « L'amour de la patrie conduit à la bonté des mœurs, et la bonté des mœurs mène à l'amour de la patrie. Moins nous pouvons satisfaire nos passions particulières, plus nous nous livrons aux générales.[6] » Un tel amour du "général", dépendant de la frustration, caractérise les ordres religieux, mais non pas la nation, à composantes et causalités hétérogènes, qu'on nomme "esprit général" et qui exige que soit exhaussé "l'amour de la patrie" ou du groupe, pour aller au-delà.

Simultanément, une appréciation courageuse et sans fausse pudeur obsédée de sombrer dans le ridicule patriotique, est à faire : celle du *double choc* que subit actuellement la mémoire nationale française par l'afflux de l'immigration à l'intérieur de l'Hexagone et par

la confrontation avec les autres nations euro-
péennes dans l'Europe élargie.

L'ouverture de débats à ce sujet, avec une
large participation et une active interprétation
des intellectuels et des responsables politiques,
pourrait éviter que s'enkystent, muets, les
plaintes et les sentiments de peur ou de défai-
tisme national, que récupère ensuite la jouissance maniaque des idéologies platement
nationalistes et raciales.

Cependant, il est temps aussi de demander
aux populations immigrées quelles sont les
motivations qui les conduisent (par-delà les
facilités économiques et la connaissance rela-
tive de la langue propagée par le colonialisme)
à choisir la communauté et la mémoire historiques françaises comme lieu d'accueil. Le respect des immigrés ne devrait pas effacer la
reconnaissance due à l'accueillant. Seul un
tiers-mondisme mal compris a pu freiner les
partis de gauche à formuler cette question,
alors que ceux de droite étaient dans l'incapa-
cité de la concevoir, pris comme ils sont dans la
sous-estimation symbolique de l'immigration,
réduite à une simple force d'appoint (ou

d'entrave) économique. En d'autres mots, quel est l'apport de chaque communauté immigrée à cette idée laïque qu'est *l'esprit national comme esprit général,* à laquelle sont arrivées les Lumières françaises ? Ces communautés reconnaissent-elles *cet esprit général* ou non ? Qu'est-ce qu'elles attendent de cet *esprit général* qui fait l'honneur du pays auquel elles font appel pour répondre à leurs *contradictions et nécessités concrètes,* et comment souhaitent-elles l'enrichir sans le dénier ?

L'indispensable droit de vote des étrangers et leur accès à la nationalité française ne devraient-ils pas passer par un travail pédagogique, médiatique et politique ouvrant cette question ? Car, sans cela, comment ferons-nous pour que les citoyens de cet ensemble historiquement mobile qu'est la France aujourd'hui, soient autre chose que des égoïsmes repliés sur leur propre dénominateur commun, plus ou moins intégriste voire mortifère, et deviennent des "confédérés" à *l'esprit général* ?

II – La polyvalence de la société civile qui constitue la face indissociable de *l'esprit géné-*

*ral* et l'empêche de se figer en abstraction vide, est la prouesse qui oblige à valoriser et garantir les "mœurs" et les "manières" de tous. Le vaste domaine du *privé,* terre d'accueil des libertés individuelles et concrètes, s'inclut ainsi immédiatement dans *l'esprit général,* qui doit garantir par la Loi et par l'Economie l'exercice privé des différences religieuses, sexuelles, morales, éducatives, relatives aux mentalités et aux coutumes des citoyens confédérés. Simultanément, le *privé* ainsi garanti s'engage à respecter *l'esprit général* au sein duquel il trouve une place pour son déploiement, sans pour autant entraver la "privauté" des autres communautés comprise dans le même *esprit général.* Le respect de la *neutralité* des lieux éducatifs, médicaux, etc., aussi bien que celle des lieux de la représentativité juridique et politique, devrait être la contrepartie de cet exercice privé des mœurs et des coutumes que *l'esprit général* garantit et à la richesse duquel ces diverses particularités participent.

La plupart de ces remarques sont des principes acquis par la laïcité républicaine. Si l'on a tendance à les rejeter comme abstraits ou ne

correspondant pas à la nouvelle situation nationale, c'est qu'une compréhension rigide de la
laïcité a souvent relégué dans les ténèbres de la
"survivance" ou de l'"archaïsme" ces coutumes, mœurs et manières qui ne font peut-être
pas les citoyens mais qui modèlent profondément les hommes. Le rejet vient aussi du fait
qu'on sous-estime – pour des raisons politiques
et philosophiques diverses – la richesse imma-
nente à la laïcité des Lumières, à laquelle,
pourtant, devrait se ressourcer une pensée politique soucieuse de répondre aux barbaries intégristes ainsi qu'aux appels appropriatifs et
autoritaires du *Volksgeist*. Car la reconnaissance et la garantie du *privé* ( je répète :
mœurs, coutumes, manières, religions) au sein
de *l'esprit général* est bien cette série de
*contre-forces* qui empêchent aussi bien l'effa-
cement du national dans l'hégémonie d'une
politique abstraite, que la dévoration de
l'espace politique (le législatif séparé de l'exé-
cutif) par l'obsession nationaliste identitaire.
Encore Montesquieu : « Le devoir du citoyen
est un crime lorsqu'il fait oublier le devoir de
l'homme.[7] » (Je rappelle : avec mœurs, cou-

tumes, mémoire, histoire, déterminisme clima-
tique ou autres, etc.)

III – Enfin, et en conclusion à ce qui pré-
cède, je voudrais suggérer que soit gravée, sur
les murs de toutes les écoles et institutions politiques, cette phrase qui, commentée et appro-
fondie, pourrait devenir un test pour tout un
chacun qui souhaite participer à la nation française, comprise comme un *esprit général* –
ensemble de libertés privées susceptible de
s'inclure dans des ensembles plus vastes :

« Si je savais quelque chose qui me fût
utile, et qui fût préjudiciable à ma famille, je la
rejetterais de mon esprit. Si je savais quelque
chose utile à ma famille et qui ne le fût pas à
ma patrie, je chercherais à l'oublier. Si je savais
quelque chose d'utile à ma patrie, et qui fût
préjudiciable à l'Europe, ou bien qui fût utile à
l'Europe et préjudiciable au genre humain, je la
regarderais comme un crime. »[8]

Les identités et les "communs dénomi-
nateurs" sont ici reconnus, mais on évite leur
crispation morbide en les plaçant, sans les
gommer, dans une communauté polyphonique

qui s'appelle aujourd'hui la France. Demain, peut-être, si *l'esprit général* l'emporte sur le *Volksgeist,* cette communauté polyphonique pourra s'appeler l'Europe.

Pardonnez-moi de m'obstiner à partager cette pensée vieille de deux siècles et demi et de l'imaginer réalisable, avec les modifications nécessairement concrètes qu'impose l'actualité nationale française.

Croyez, cher Harlem Désir, à mes sentiments amicaux.

Julia Kristeva

P.S. Je souhaiterais inviter, à la prochaine réunion où vous m'aviez conviée à discuter les arguments de cette lettre, J. P. Dollé, que nous serons heureux, j'en suis sûre, d'entendre parler de *l'Odeur de la France,* ainsi que Julien Dray, Roland Castro et Philippe Sollers, tous attentifs au destin moderne du "national".

Notes :

1 - L. Althusser, *Montesquieu, la politique et l'histoire*, PUF, Paris, 1959.

R. Aron, *Dix-huit leçons sur la société industrielle* ("Marx et Montesquieu"), Gallimard, Paris, 1962.

G. Benrekassa, *Montesquieu : la liberté et l'histoire*, LGF, 1987.

Jean Ehrard, *Politique de Montesquieu*, PUF, Paris, 1965.

2 - Montesquieu, *l'Esprit des lois*, Pléiade, Gallimard, t. II, p. 558.

3 - Montesquieu, *Réflexions sur la monarchie universelle*, Pléiade, Gallimard, t. II, p 34, (1731-1733)

4 - Cf. chapitre 27 du livre XIX.

5 - *L'Esprit des Lois*, XIX, 27, Pléiade, Gallimard, t. II, p. 582.

6 - *L'Esprit des lois*, livre V, chapitre 2, Pléiade, Gallimard, t. II, p. 274.

7 - Montesquieu, *Bibliothèque française*, ou *Histoire littéraire de France*, t. VI, mars 1726. Pléiade, t.I, p 110.

8 – Montesquieu, *L'Esprit des Lois*, Pensée 11, Pléiade, Gallimard, t.I, p 981.

# La Nation
# et le Verbe

« C'est en un temps de toutes parts sollicité
par la médiocrité
que je devrais agir pour la grandeur. »
(*Mémoires d'espoir*)


Je suis en France, et Française, grâce à de
Gaulle. Cette déclaration, qu'on pourrait croire
dérisoirement contaminée par l'emphase gaul-
lienne, ne fait pourtant que traduire la stricte
réalité. Dès 1963, une offensive politique est
engagée vers l'Est, en contradiction avec les
alliés, en vue d'une détente "entre Européens

de l'Atlantique à l'Oural" et pour enlever "leur violence aux problèmes allemands". En appelant la France à "mener au milieu du monde une politique qui soit mondiale", de Gaulle avait déjà aboli le mur de Berlin dans ce plan pour l'Europe que nous voyons depuis quelques mois (c'est-à-dire seize ans après le texte qui suit) prendre corps sous nos yeux :

« Il faut que (...) nous envisagions le jour où, peut-être, à Varsovie, à Prague, à Pankow, à Budapest, à Bucarest, à Sofia, à Belgrade, à Tirana, à Moscou, le régime totalitaire communiste, qui parvient encore à contraindre les peuples enfermés, en viendrait peu à peu à une évolution conciliable avec notre propre transformation. Alors, seraient ouvertes à l'Europe tout entière les perspectives à la mesure de ses ressources et de ses capacités. »

Paternaliste avec l'Est, comme avec le reste ? Certes. Je l'ai entendu en Pologne : « (La France) espère que vous verrez un peu plus loin, un peu plus grand peut-être (...) Vous voyez ce que je veux dire ? » (1967). Ils voyaient, et tout le monde a vu en effet : *Solidarité*.

Pourtant, je fus de ceux qui, en 1968, de Denfert-Rochereau à la gare Saint-Lazare, scandaient : "De Gaulle démission", "Dix ans ça suffit", "La chienlit c'est lui" et autres slogans hallucinés et parricides. Sartre était ravi et nous tous avec lui : les grenouilles ne réclamaient plus de roi, elles se levaient enfin pour le déloger, masses révoltées et souveraines. A supposer qu'un autre de Gaulle puisse se produire, je suis sûre que dix ans après son règne (ou trente) je referais le même chemin.

Mais que veulent, enfin, les peuples ? Un chef à aimer et à contester ? Un sauveur qui les humilie et qu'ils puissent à leur tour humilier ?

Ni monarque (lequel n'a rien à faire : « A la place où Dieu vous a mis, soyez ce que vous êtes, Madame ! », lance-t-il à la Reine d'Angleterre) ; ni gestionnaire des partis (dont il redoute sans cesse de devenir l'otage), de Gaulle commence par redéfinir le *domaine du politique*. Il le situe à la frontière entre les *désirs inconscients* d'identité et de pouvoir (que se disputent la religion et la psychologie) et les *circonstances* (que règlent les lois, les armes, la diplomatie et forcément l'économie qui n'était pas son fort). Ainsi conçu, le politique se concrétise, durant le XX<sup>e</sup> siècle, dans l'idée de *nation*. De Gaulle entreprend de le réaliser par la force du *symbolique* : une relance, toute chrétienne, de la primauté du Verbe pour "saisir" l'opinion. (« Suivant ma méthode, je crois bien de saisir l'opinion. ») Depuis l'Appel du 18 Juin, en passant par les fabuleuses apparitions à la télévision pendant la guerre d'Algérie, et à travers le recours fréquent au référendum, on a donc vu s'affirmer un pouvoir personnel. Alors que se déployait la passion de la rhétorique sur une réalité troublée par deux guerres mondiales et par la colonisation : sur la nation.

On peut discuter de la coloration médiévale ou romantique de l'idée de *nation* chez de Gaulle : un condensé de foi et d'amour (« Je ne pense pas qu'aucun amour humain ait inspiré de plus nombreux et aussi de plus durs dévouements »), qu'il déclare à J. F. Dulles, stupéfait, être beaucoup plus important que le conflit idéologique opposant le monde libre au communisme. Ou encore : « Mais il n'y aura pas d'Occident ! », alors que des nations – aucun doute... A partir de là, il décolonise l'Empire et entreprend sa marche de l'Atlantique à l'Oural jusqu'à Pékin. Force est de reconnaître qu'aujourd'hui le concept gaullien de nation est victorieux et qu'il est loin d'être épuisé. Le temps est seulement venu de le conjuguer avec une exigence d'*intégration*, à l'intérieur et à l'extérieur des frontières. Qui pourra le faire sans casser la nation, mais pour la porter au-delà d'elle-même ? Telle est la question : elle a besoin d'un de Gaulle qui aurait relu Montesquieu.

Par le développement qui va de la guillotine à la séparation de l'Eglise et de l'Etat, la fonction politique s'est trouvée dépourvue de dignité symbolique. Une telle désacralisation a ouvert la voie à la démocratie, comme elle a facilité des compromissions et des corruptions. Le problème du XXe siècle fut et demeure de réhabiliter le rôle du politique. Tâche impossible ? Tâche inutile ? Hitler et Staline ont perverti le projet dans un totalitarisme mortifère.

L'effondrement du communisme à l'Est, qui met en cause, par-delà le socialisme, le fondement même des régimes démocratiques issus de la Révolution française, impose que ce fondement soit repensé pour que le XXIᵉ siècle ne soit pas le règne réactionnel des intégrismes, des illusions religieuses et des guerres ethniques.

Ni Führer, ni Généralissime communiste, ni Pape, de Gaulle était simplement un général catholique pas comme les autres. Or, il fut le seul, par sa "monarchie populaire", à proposer non pas un "modèle" (on ne saurait qu'imiter dans le médiocre le grand Charles sans terre qui *se* parle en s'adressant à une France qu'il est. Ainsi, le 18 juin 1940 : « Au nom de la France, je déclare formellement ce qui suit : (...) debout ! » Et plus tard : « En ce moment, le pire de son histoire, c'était à moi d'assumer la France. »), mais une attitude politique qui retrouve l'orgueil et la jouissance du Symbole, en même temps qu'une prise efficace sur les hommes conduits à faire l'histoire. Comment y arrive-t-il ?

Par un culte de la Nation comme unité vivante et évolutive, et par l'ancrage de son action sur les consciences dans l'éblouissement du Verbe qui lui donne accès à l'inconscient de chacun : *de Gaulle a réussi là où le paranoïaque échoue.*

Freud seul a revendiqué une telle réussite (*Lettre à Ferenczi,* 6 octobre 1910). Mais le psychanalyste s'était donné d'autres moyens : lever les interdits, creuser les mots et les désirs, conduire chacun à ses vérités et à ses limites.

La technique du "colonel Motor" ou du "Connétable" fut tout autre : réparatrice, risquée, brutale ; mais quelle allure !

De Gaulle avait compris que les peuples régicides sont aussi, et plus que les autres, des peuples orphelins. Au sien, il a imposé une personne dont les effets culminaient dans un discours, comme consolation pour un Idéal du Moi et un Surmoi blessés. Car, chez l'individu ainsi que dans les groupes humains, l'Idéal du Moi et le Surmoi, qui sont nos tyrans, garantissent cependant l'identité et règlent les actions.

Il a joué avec cette potentielle tyrannie de l'Idéal, il en a pris les risques, mais en définitive il en a recueilli essentiellement les bénéfices. Proposer des objectifs hautains qui permettent, contre la dépression, une personnalité nationale et une jouissance des foules. Alors, les offensés se dépassent, retrouvent une terre, refont un Etat, libèrent leurs esclaves d'hier ("ceux des djebels"), donnent des leçons aux ouvriers de Léningrad ("Continuez...") et "reconnaissent" (!) les Chinois, s'insurgent à la Sorbonne mais retrouvent l'euphorie sur les Champs Elysées...

De Gaulle n'est pas dupe de sa logique : il sait qu'il provoque les corps avec des mots, qu'il produit des effets "psychosomatiques" (« Hein, Guillebon, nous vous avons bluffé. Mais quoi, il fallait fouailler la résignation de la masse de nos compatriotes... Vis-à-vis des Alliés... faire beaucoup de poussière. ») Inquiétants, cependant, cette affirmation continue de son culte des grandeurs, son goût des systèmes interprétatifs qui bravent les réalités, l'avidité de ses désirs de gloire. (Adolescent, il se voit déjà reconnu d'avoir rendu "des services signalés": « En somme, je ne doutais pas que la France dut traverser des épreuves gigantesques, que l'intérêt de la vie consistait à lui rendre, un jour, quelque service signalé et que j'en aurais l'occasion. ») Un grand destin ? Mais absolument ! (« Mon cher, je vais vous dire une chose qui vous fera sans doute sourire, hasarde le général Chauvin auprès du jeune capitaine de Gaulle en 1924, j'ai ce curieux sentiment que vous êtes voué à un très grand destin... » De Gaulle, sans aucun sourire : « Oui... moi aussi. ») Moi, Moi, Moi... ? Evidemment, et ce n'est qu'un début. (« Je vous ai compris... *Moi*, de Gaulle, à ceux-là j'ouvre les portes de la réconciliation. » « Enfin, je m'adresse à la France. Eh bien, *mon* cher et vieux pays, nous voilà donc ensemble, encore une fois, face à une lourde épreuve... »). Ce *Moi* serait-il un Dieu ? Cet homme n'y voit pas d'inconvénient, catholique comme il est "par l'histoire et la géographie" : (« Je ferai sortir le dieu de la machine, autrement dit... j'entrerai en scène. ») Et surtout : méfiance ! (« Monsieur le Ministre des Affaires étrangères, un Etat digne de ce nom n'a pas d'ami. ») Ou encore, quand on lui suggère d'entrer à l'Académie française : « Je suis la France... la France n'entre pas à l'Académie... Voyez Louis XIV. » « Ça relève tout droit du cabanon ! », diagnostique Beuve-Méry. Notons le féminin de ce « Je suis la France » : *je suis la mère patrie, je m'excepte du jeu des hommes.*

Pourtant, après avoir tissé le filet de la manie où se laissent prendre nos folies des grandeurs, il le défait. Très simplement. Sa connaissance de l'histoire, son expérience de la douleur, son goût de l'efficacité se cristallisent en une demande d'être aimé et un don de rire.

Il n'y aura pas de "bouc émissaire" : ou plutôt si, il en faut un, mais ce sera encore... "moi-même" : *je traverserai le désert.*

Quand "ça" manque de grandeur, quand il ne parvient pas à imposer sa parole, c'est qu'on ne l'aime pas, et il se retire. Une fois, puis une deuxième fois, pour finir : *Vous m'aimerez ou vous me tuerez, mais je ne serai pas un père castré. Pétain ? Rien à voir !* Cette soif d'absolu révolte, mais plus profondément elle satisfait nos passions narcissiques du "tout ou rien", nos désirs d'un repère intransigeant qui prend le risque de se perdre pour mieux se saisir de nous. Tant mieux, tant pis, si c'est lui qui s'expose... pour nous.

A un peuple qu'il a sorti de la débâcle en le hissant à la hauteur de son grandiose projet pour la France *(La France n'existe plus, or je suis la France, donc vous êtes grands)*, et qui l'appelle au secours face aux événements d'Algérie, brusquement il adresse... une demande. Eh oui, il se met en position de demandeur. Et de quoi donc ? Il a "besoin", il prie les enfants de l'"aider". « Mais aussi j'ai *besoin*, oui, j'ai besoin ! (il répète pour ceux qui auraient cru mal entendre) de savoir ce qu'il en est dans les esprits et dans les cœurs. C'est pourquoi je me tourne vers vous par-dessus tous les intermédiaires. En vérité – qui ne le sait ? – l'affaire est entre chacun de vous, chacun de vous et *moi-même*. » (Ouf, le "moi-même" ne s'est pas oublié, tout en ayant besoin de "vous", ce 6 janvier 1961.) Ou encore : « Ce pouvoir a une apparence : un quarteron de généraux en retraite... Françaises, Français, *aidez-moi.* » (le 23 avril 1961). *Moi-même, revêtu de l'uniforme, était donc un homme, une femme, comme "nous-mêmes", et il avait besoin d'aide ?*

Double tour logique, dans lequel l'interlocuteur, d'abord flatté, se trouve doté, par ce père psychologue, d'une capacité hyperbolique de secourir le géant demandeur qu'il deviendra lui-même à condition d'*aider* au succès. Plus de dépression, plus d'obstruction : Français, encore un effort !

Un atout majeur pour la réussite : l'humour. Volontaire ou non, il livre la parole et le corps de ce tenant de l'autorité suprême à un dénuement séduisant, à une franchise maligne qui réconcilient sa ferveur de jésuite rhétoriqueur avec le jeu gaulois, la désinvolture et la grâce. Humour léger, perfide ou noir : toute la gamme y est. L'homme le plus doué d'humour que de Gaulle ait connu ? – « Staline, Madame » (à Jacqueline Kennedy). Pompidou ? – « Couvert par le haut et étayé par le bas... Tel que je suis et tel qu'il est, j'ai mis Pompidou en fonction. » Les partisans d'une Europe supranationale ? – « Bien entendu, on peut sauter sur sa chaise comme un cabri en disant : L'Europe, l'Europe, l'Europe. »

La concision, la justesse et la drôlerie de son discours fait de mots d'esprit, de formules rythmées et d'appels d'amour, le placent aux antipodes d'une quelconque figure de despote.

Cependant, on ne peut indéfiniment faire jouir les peuples sans satisfaire leurs petits plaisirs quotidiens : le niveau de vie, même s'il augmente, et surtout s'il augmente, n'est jamais ce qu'il faut ; les libertés sexuelles, le sel de la violence, le bonheur du désordre... Le Connétable n'est pas de ce monde-là. De plus, on ne connaît que trop *son* mépris des partis, *son* déni des compétences économiques, le freinage de la démocratie, l'autoritarisme. Ainsi donc, celui qui prétend nous élever au "plus haut rang" ne cesse de nous abaisser par les mêmes armes ? Autant de maux du "règne de de Gaulle" que des administrateurs et des démocrates plus habiles s'efforcent d'éviter...

« *J'ai réussi là où le paranoïaque échoue.* »
Dès lors, ceux qui ne sont pas avec moi sont
contre la raison, *ils* déraisonnent, ce qui n'est
pas une raison pour "arrêter Voltaire"(ou
Sartre).

Voilà le président concepteur et stratège du
discours national, qui crée des réalités avec des
symboles, en évitant les pièges de la tyrannie et
en modifiant les circonstances pour le bien
d'une communauté de plus en plus élargie en
vue des intérêts des siens.

Même si cette fonction présidentielle aussi
bien que sa conception politique au carrefour
de la Nation et du Verbe paraissent taillées à la
mesure du Connétable, qui fut démesurée, la
logique profonde sur laquelle elles reposent les
prolonge et les prolongera par-delà le "gaul-
lisme". On peut espérer des peuples adultes qui
n'ont pas besoin que *Quelqu'un* représente ni
même énonce les principes de leur identité. On
peut souhaiter que l'idée même de nation, saturée par le mélange des économies et des cul-
tures, ouvre vers d'autres unions où pourrait se

situer le lien entre les hommes, obligeant ainsi le discours politique à se décaler de l'exigence nationale. En attendant, de Gaulle impose son intelligence de la vie publique, qu'il s'agit simplement d'adapter aux circonstances. C'est très dur.

À propos
des Samouraïs

# A propos
# des Samouraïs

## Entretien avec Elisabeth Bélorgey

**Elisabeth Bélorgey :** Avec *Les Samouraïs,* votre premier roman, vous quittez l'écriture théorique pour la fiction. Comment explique-riez-vous ce passage de la théorie au roman ?

**Julia Kristeva :** J'ai noté dernièrement en lisant les *Carnets* manuscrits de Proust, au *Carnet n° 1,* feuillet 12, une question : "Faut-il en faire un roman, une étude philosophique ?" C'est un problème éternel de savoir comment traiter un sujet qui nous préoccupe, soit de manière théorique ou fictionnelle. Est-ce qu'il y a un choix ? Est-ce qu'il est légitime de pencher pour l'un ou pour l'autre des discours ? Plus près de nous, on constate que *L'Etre et le Néant* n'empêche pas *La Nausée ;* Merleau-Ponty lui-même, qui était moins ou peut-être autrement engagé que Sartre, a envisagé de faire un roman qu'il n'a jamais écrit. L'imaginaire peut être considéré comme la structure profonde des concepts et de leurs systèmes. Peut-être le creuset du symbolique, ce sont les bases pulsionnelles du signifiant, c'est-à-dire les sensations, les perceptions, les émotions ; et les traduire, c'est quitter le domaine des idées pour entrer dans la fiction : *j'ai donc raconté la vie passionnelle des intellectuels.*

Par ailleurs, j'ai la faiblesse de croire que le génie français consiste en une proximité entre les passions populaires, d'une part, et la dynamique des tensions intellectuelles, d'autre part. Cette proximité n'existe nulle part ailleurs, même si à certaines époques, notamment celle de dépression nationale – dans laquelle nous vivons, me semble-t-il – la distance s'accentue entre les intellectuels et ceux qui ne le sont pas. J'ai donc essayé de restituer aux non-spécialistes le travail et l'existence même des intellectuels. Enfin, on peut noter que le témoignage omniprésent et impudique de la télévision oblige la littérature à un bord-à-bord entre le document et l'invention, entre l'autobiographie et la fiction. Cependant, la vérité ne pouvant pas se dire entièrement – c'est du moins ce que nous apprend la psychanalyse –, une part d'autobiographie dans le récit garantit l'ancrage dans la réalité ; mais une autre part, celle de transformation ou de déformation, c'est-à-dire la part de fiction, recueille l'intensité des liens subjectifs qui nouent le narrateur aux autres et à lui-même. Et cette part fictionnelle, en opposition à la part autobiographique, filtre une certaine discrétion, une certaine pudeur, tout en transformant les personnages à clef en prototypes.

**E. B. :** Et pourquoi avoir tant attendu, dans votre œuvre, ce passage à la fiction ?

**J. K. :** J'ai eu le sentiment, après avoir fait

ce livre, qu'il m'a fallu acquérir suffisamment de distance par rapport à moi-même pour me prendre pour un "personnage", avant de devenir un "auteur". Peut-être, aussi, une certaine expérience de la psychanalyse m'a familiarisée avec la banalité des choses, la richesse anodine du discours quotidien, et m'a permis plus de recul vis-à-vis de l'ascèse symbolique qu'est la théorie. Pour l'instant.

**E. B. :** Dans quel genre romanesque s'inscrit, selon vous, *Les Samouraïs* ?

**J. K. :** J'ai voulu faire *un roman populaire*. Cela risque de surprendre de ma part, et compte tenu qu'il s'agit d'un récit concernant les milieux intellectuels, je m'explique : *J'entends par roman populaire un récit sensuel et métaphysique*. Populaire, au sens où Victor Hugo disait : "Cette immense foule avide de pures sensations de l'art." Aujourd'hui, la foule me paraît plus immense et plus avide encore, sollicitée comme elle l'est par tous les médias. Populaire, au sens où Mallarmé se souciait de l'"anecdote nécessaire que demande le public".

Populaire, au sens où Céline proclamait : "Au commencement était l'émotion."

J'ai voulu atteindre, à travers le langage, une expérience infra-langagière et infra-conceptuelle, dans l'émotion, la sensation, la perception, qui est – conformément au code de l'avant-garde – une jouissance souvent cachée, mais parfois avouée. Ainsi, chez Mallarmé, j'ai été surprise de relire cet aveu de son projet : "Filer véritablement *si c'est possible, en joie*, quelque chose comme durant les siècles des siècles, oh ! que ce soit." Cet état d'enthousiasme dans l'accès immédiat à une expérience indécidable, qui se préoccupe moins de problèmes formels, en apparence, – tout en s'en préoccupant implicitement –, est une contagion de joie, d'angoisse, de douleur ; bref, d'Eros et de Thanatos mêlés pour éveiller ce que la tradition appelait une "catharsis" chez le lecteur comme chez l'auteur. Autrement dit, il m'intéressait de toucher au fondement sensoriel du langage, en traversant un réseau de souvenirs et de fantasmes. Il se trouve qu'en même temps je donnais un cours sur la *Phénoménologie de la perception* de Merleau-Ponty et l'œuvre de

Proust, et j'ai eu le sentiment d'expérimenter en pratique, par *Les Samouraïs*, ce que j'essayais de communiquer théoriquement à mes étudiants : cette connivence entre les mots et le ravissement sensoriel.

A la surface, il en résulte un récit à propos de la création intellectuelle, des conflits qui jalonnent la période 1965-1990, les dépassements des diverses théories et préoccupations : structuralisme, psychanalyse, positions et errements politiques, religions, écologie (l'immersion dans la nacre d'un marais salant, dans la beauté des oiseaux d'une île...), mais aussi le féminisme, la maternité, l'intimité souvent brûlante, obscène... Peu à peu, au cours du roman et sans réellement disparaître, le projet théorique, le "roman à thèses", s'intimise, s'intériorise, et l'histoire devient simplement subjective, microscopique et, pour cela même, éthique.

**E. B. :** Elle s'incarne ?

**J. K. :** Notamment dans l'expérience de la maternité : refusée par Carole, choisie comme un accomplissement quasi panthéiste par Olga...

Ma tentative de restituer le fonds sensoriel du langage m'a rendue très attentive à l'œuvre de Colette. Quant à la saga de la maturation intellectuelle, j'admire cette traversée de la méditation du corps qu'est *La Montagne magique* de Thomas Mann, peu apprécié par le lecteur français redoutant la lourdeur allemande : mais Hans Castorp chez T. Mann affronte le corps malade, alors que les Samouraïs pensent des corps érotiques. Cela dit – écho de l'avant-garde ? – je n'ai pas voulu bâtir une montagne : j'ai plutôt tenté la construction de discontinuités, de fragments, de liaisons fugaces, de résonances réciproques entre les hommes, les femmes, les espaces et les discours, de manière que l'emblème du livre soit, non pas une montagne, mais une *île*. Une île secrète où se retrouvent les personnages, une île ouverte à tous les vents, aux vents des autres chapitres ainsi qu'aux vents des interprétations que les lecteurs peuvent apporter, dans le blanc, la césure entre les séquences.

**E. B. :** Comment situez-vous votre écriture par rapport à l' "écriture blanche" revendiquée par Blanchot et Barthes ?

**J. K. :** En effet, *Le Degré zéro de l'écriture,* qui est un livre que j'ai beaucoup commenté et que je continue à aimer, caractérise l'aventure littéraire la plus exigeante dans l'après-guerre. Pour cette "écriture blanche", l'auteur apparaît comme un technicien des mots, une sorte d'Orphée (selon Blanchot) qui descend dans le Styx – enfer de la vie quotidienne – et, de cette descente, il rapporte quelques rares trophées qu'il dispose, avec beaucoup d'ellipses et de litotes, dans un texte fait de raréfaction et de poésie. Cette écriture est un condensé d'impossibles et, selon Barthes, elle "suit pas à pas le déchirement de la conscience bourgeoise"; j'ajouterai qu'elle suit pas à pas le déchirement de toute conscience. De ces fractures, elle laisse des traces infimes, pudiques, très raréfiées justement. Nos angoisses mutiques s'y accrochent, dans nos moments de catastrophes psychiques nous survivons avec ses indices, dans l'œuvre de Beckett, par exemple.

On peut imaginer une autre trajectoire : ce n'est pas Orphée qui descend en Enfer, mais quelqu'un qui habite le monde souterrain, tel le dieu Pluton, qui remonte à la surface. Je pense à Eurydice : au lieu de sombrer à nouveau dans l'Enfer parce qu'Orphée s'est retourné pour la regarder, si personne ne se soucie de son aventure et si, de solitude, elle remonte de son expérience douloureuse, il n'est pas nécessaire qu'elle s'exprime dans un discours de raréfaction poétique. Il est possible qu'elle déploie une plénitude de sensations, un trop-plein de chagrin comme de joie. Le versant solaire d'une telle expérience se trouve chez Colette, alors que dans les romans de Céline s'impose l'abondance de l'horreur et de l'abjection. Enfin, d'une manière sèche et fruste, dans la littérature soviétique moderne, Varlam Chalamov raconte les goulags dans une langue technique et terne mais pleine, sans ellipses, comme dans un reportage en direct, à travers des anecdotes banales et dans une vision saturée du Mal, que je considère davantage comme "plutonienne" qu'"orphique".

**E. B. :** Ces deux types d'écritures n'impliquent pas le même rapport au sens...

**J. K. :** Le versant que j'appelle "plutonien" m'apparaît plus proche d'une *écriture de contagion,* de communicabilité post-moderne, que j'évoquais tout à l'heure en parlant de "populaire". Par ailleurs, cette coalescence d'Eros et de Thanatos qui inspire *Les Samouraïs* est bien entendu une conséquence de la compréhension freudienne du psychisme, au regard de laquelle la revendication d'un pouvoir rationnel, qui a pu être une exigence existentialiste, est intenable. Aucun des personnages des *Samouraïs* ne pourrait dire que "L'enfer, c'est les autres." L'enfer est en nous. Pas plus que ne pourrait se poser la question : "Faut-il brûler Sade ?" Sade brûle en nous. De tels constats de vérités cruelles peuvent conduire à une écriture "blanche", mais aussi, par souci de contagion et de communicabilité plus immédiate, – plus cathartique –, à cette écriture de la plénitude et de l'abondance dans la joie et la souffrance. Puérile, infantile, elle répond peut-être à l'enfance permanente en nous, à son besoin de contes d'horreur, de contes de fées : dans *Les Samouraïs,* Olga écrit un livre pour enfants qui s'intitule *Les Samouraïs.*

**E. B. :** Que devient *l'impossible* dans votre projet ?

**J. K. :** Il se marque dans la composition du discontinu, dans la fragmentation, dans la polyphonie, dans les coupures, dans les blancs, et dans l'hétérogénéité qui tisse le tout.

**E. B. :** Vous écrivez (p. 284) : « *L'avantage d'une vie (ou d'une histoire) disposée ainsi en étoile, où les choses bougent sans forcément se recouper, progressent mais ne se retrouvent pas, et où chaque jour (comme chaque chapitre) est un autre monde qui feint d'oublier le précédent, est de correspondre à une tendance semble-t-il essentielle au monde : à son état d'expansion congénital, à sa dilatation. Ce big-bang qui nous a faits tels que nous sommes et qui nous détruira pour créer un nouveau chapitre, gardant fort peu mémoire de notre* *chapitre à nous, n'est jamais aussi perceptible que dans les innombrables radiations d'une biographie qui cumule les nouveaux départs. Le même mouvement commande d'ailleurs les pulsations d'un récit qui redémarre à chaque fois en laissant le lecteur moitié déçu, moitié avide : car peut-être ne retrouvera-t-il jamais les siens, mais pourvu qu'on avance... »* Peut-on considérer ce passage comme l'image de la composition de votre livre ?

**J. K. :** Vous avez raison et, en tout cas, c'est l'une des significations que l'on peut retenir de ce passage.

Pour ce qui est de la *phrase,* j'ai voulu rester le plus proche possible du souffle parlé, même rêveur.. En revanche, j'ai tenté une composition très particulière du *récit.*

D'abord, j'ai procédé par séquences brèves et rapides, j'ai condensé les descriptions pour les rendre vives et instantanées. Par exemple, la première phrase du roman, en moins d'une demi-page, raconte le départ d'Olga de son pays, la séparation d'avec ses parents et son amant, l'enregistrement des bagages, le vol du

Tupolev, les trois heures d'ennui insensible, le goût du thé pour toute inquiétude, l'arrivée à Paris qui fond sous la neige, la découverte de la Ville Lumière n'existe pas, l'atterrissage en désarroi. Le tout en quelques lignes et dans un souffle. On peut imaginer, dans une autre narration, une romancière décrire une soirée de Noël en quinze pages.

**E. B. :** C'est un choix de condenser et de diffracter en même temps ?

**J. K. :** Oui, les séquences sont rapides mais denses. Comme un défi au zapping, et aux spots, qui nous ont habitués à un fonctionnement mental plus rapide et fragmenté. J'ai voulu faire de ce livre un objet mobile, alerte, vif.

**E. B. :** Avec l'emploi très inattendu des parenthèses ?

**J. K. :** Les parenthèses insèrent et intercalent des réflexions ou des décrochages logiques laissés en suspens. Dans les dialogues, au lieu d'introduire des incises ("dit-il", "pense-t-il", "répondit-elle"), elles encerclent seulement le nom du personnage qui parle, et accélèrent le rythme.

**E. B.** : Est-ce aussi pour restituer *votre* rythme ?

**J. K.** : C'est plutôt un rythme d'époque : vivre avec le stress, en jouer. Par ailleurs, la rapidité de l'information par images oblige les autres modes de communication à se conformer à ce "cut-in", à ce montage séquentiel.

**E. B.** : Un gain esthétique ?

**J. K.** : C'est un défi qu'il faut relever, et cela peut être aussi un gain esthétique à condition qu'il soit complété par quelque chose que le langage seul est capable d'apporter : la méditation. Les lettres de Carole, et surtout le *Journal* de l'analyste, Joëlle Cabarus, ouvrent ce temps de réflexion, d'intériorisation : plus ralenti, plus sinueux, où Joëlle fait part de ses observations, des séances avec sa patiente

Carole, ou bien de ses lectures des Stoïciens. Ce temps méditatif est un contrepoint du temps rapide et séquentiel.

**E. B.** : Ce *Journal* fonctionne comme une désaliénation ?

**J. K.** : Il est introduit pour faire contrepoids au monde social : aussi bien à son rythme qu'à son sens.

**E. B.** : Par ailleurs, vous le restituez à profusion.

**J. K.** : Par la rapidité et la séquentialité, j'ai essayé de condenser une quantité importante et hétérogène d'informations. Ouvrir les dossiers des débats théoriques entre les intellectuels, certains aspects de la société qui continuent à nous préoccuper: allusivement, sans didactisme... Eviter le roman habituel à intrigue linéaire, la minceur disciplinée, la petite musique astucieuse...

**E. B.** : Vous n'êtes pas seulement dans

l'instantané, mais aussi dans la durée, car la condensation d'informations retrace presque vingt ans d'événements et de parcours intellectuels. Mais, votre roman présente un autre aspect moderne, celui de la construction polyphonique. Pourriez-vous en développer certains aspects ?

**J. K. :** Les personnages à clef, repérés aisément par la critique, ne sont en fait que des jalons de la narration polyphonique, qui tisse en les coupant et les entremêlant trois fils narratifs au sujet de trois couples qui sont en réverbération : Olga et Hervé, Carole et Martin, Joëlle et son monde. Olga et Hervé représentent la face sociale, la plus avide, la plus intrépide, agressive et agressée, parfois ironisée par la narratrice, de cette aventure intellectuelle. Martin et Carole annoncent cette part de notre génération qui s'est le plus exposée, le plus brûlée dans l'aventure aussi bien sexuelle que politique : Carole à travers sa dépression, Martin en abandonnant l'anthropologie pour la peinture, puis ses aventures sexuelles qui l'ont conduit à la mort ; Carole et Martin sont à la fois des antithèses et des jumeaux nocturnes, des doubles noirs du premier couple. Enfin, Joëlle et les siens introduisent l'aspect réflexif de la polyphonie : peut-être la plus proche de la narratrice, de son ton acide et désabusé – il y a une certaine similitude entre la voix de la narratrice lorsqu'elle parle des Montlaur et celui de Joëlle décrivant le spectacle qui l'entoure. Cabarus est une freudienne, mais aussi une stoïcienne qui lit Marc-Aurèle et Epictète ; elle vit dans le monde de l'effondrement psychique, de la dépression, de l'angoisse ; elle n'ignore pas le harcèlement du suicide, elle en connaît aussi la valeur stoïcienne : c'est le moment où la connaissance peut coïncider avec la fin du monde (si j'ai tout compris, je n'ai aucune raison de durer, l'éternité est atteinte) ; mais elle rejette l'assurance de la compréhension, elle se risque dans le soin... et le plaisir. Joëlle est ce personnage qui, avec et par-delà les crises, vit avec le plus de lucidité dans l'allégresse et la grâce, ainsi que dans leur peine. Elle est l'élément de liaison entre les deux autres couples, qui à la fois les fait tenir et prend ses distances par rapport à leur pathos, qui leur donne une certaine profondeur et une possibilité de suite, indéfinie. Bakhtine dirait qu'il y a du "dialogisme" entre ces trois couples.

**E. B.** : Et le personnage d'Edward Dalloway : n'est-il pas, lui aussi, dialogique ?

**J. K.** : Il reprend le nom de la célèbre héroïne de Virginia Woolf dans *Mrs Dalloway,* mais affirme des qualités typiques d'un homme politique moderne, sans pour autant être sourd aux fragilités des femmes, et tout en ayant un passé de beatnik, fasciné par l'œuvre de Céline. Pourtant, Edward Dalloway est un personnage polyphonique en lui-même, puisqu'il représente, par ailleurs, un aspect du dialogue entre le monde des USA et celui d'Israël auquel toute notre génération est particulièrement attentive, et qui introduit dans le roman la question complexe mais inévitable du rapport entre la modernité et le judaïsme. Ruth Dalloway-Goldenberg est cette figure de nomade ayant choisi la Loi, qui fascine Olga, presque autant que la séduit celle de Dalloway.

**E. B.** : Les USA et Israël, la polyphonie des lieux, Paris, la Chine...

**J. K.** : La côte Atlantique, Paris intellectuel, Paris infantile et agréable, quotidien, du jardin du Luxembourg, tous ces lieux font, de l'espace du roman, une sorte de kaléidoscope qu'on ne peut pas unifier, et dont les différents éléments résonnent et se contaminent réciproquement.

**E. B.** : Une autre ambivalence, faite de tragique et d'ironie, se perçoit tout au long de votre narration. Pourquoi cette tension ?

**J. K.** : L'auto-ironie des personnages par rapport à eux-mêmes, l'ironie de la narratrice à l'égard d'Olga, Hervé, Bréhal, Scherner, Lauzun, Saïda, etc. est une force corrosive, mais en même temps la forme la plus réfléchie de la sympathie et de l'affection. Cependant, la mort freine la légèreté de cette ironie. Un nombre important de personnages essentiels, passionnants, véritables clefs en effet de l'action, meurent au cours du roman. Le ser-

mon de Maître Eckart, lu par Sinteuil à l'enter-
rement de Jean de Montlaur, dans lequel le
croyant demande à Dieu de le "laisser quitte de
Dieu" (p. 396) – quel athéisme subtil au cœur
même de la mystique ! – introduit une gravité
dans ce récit que j'ai voulu par ailleurs rapide,
ironique, agressif, comme le fut et comme l'est
ma vie.

**E. B.** : Prise dans ce contexte, l'expérience
de la maternité résonne plus gravement ?

**J. K.** : Le thème de la maternité peut être lu
en juxtaposition avec la relation entre père et
fils. Le titre des *Samouraïs* vient essentiellement d'un jeu auquel se livrent Hervé Sinteuil
et son fils Alex. La paternité comme jeu : non
pas comme loi sévère, mais comme possibilité
de jouer avec la contrainte qui constitue l'art
martial et plus encore son simulacre...

**E. B.** : N'y-a-t'il pas également une autre
dyade : entre la tradition française (l'insertion
voulue et réussie d'Olga) d'une part, et d'autre
part l'Extrême-Orient, d'où le titre ?

**J. K.** : Olga revendique cette relation à la tradition française explicitement, puisqu'elle s'enracine dans ce pays. Elle a une sympathie appuyée pour les paysages aussi bien de Paris que de l'Atlantique ; une tendresse badine pour sa belle-famille ; en même temps, cette tradition française est recouverte par l'image de l'Orient, de la Chine, du Japon, ne serait-ce que par le titre des *Samouraïs,* et ce jeu des arts martiaux auquel s'exercent consciemment ou inconsciemment les protagonistes. J'ai voulu suggérer, dans le miroitement de ces deux civilisations, que la vitalité d'une culture se mesure peut-être à son art de jouer avec sa propre mémoire en même temps qu'avec la mémoire des autres civilisations.

**E. B.** : Comment conciliez-vous psychanalyse et littérature ? thérapeutique et fiction ?

**J. K.** : On se pose souvent la question de savoir avec quoi travaillent les analystes : quelle est la qualité, ou l'organe, qui destine ou désigne quelqu'un à être analyste. Evidemment, la possibilité d'entendre, disent certains ; ce sont nos zones érogènes qui nous rendent aptes à nous identifier avec nos patients, disent d'autres ; c'est l'ouverture possible ou impossible à notre inconscient, répondent les troisièmes ; tout cela est sans doute vrai, à condition d'être mis ensemble ; mais on peut dire aussi qu'on analyse avec sa possibilité de se compromettre. Freud s'est compromis d'une certaine manière en se mettant au ban de la société psychiatrique, et en s'intéressant au sexe qui ne faisait pas partie des objets dignes de l'art médical ; tous les grands inventeurs de la psychanalyse ont fait quelque chose de contestataire, qui ne se faisait pas ; Lacan est bien connu par son histrionisme surréaliste, scandaleux, qu'il a introduit dans l'analyse malgré les retombées rigides de son enseignement ; Winnicott, Bion, Klein étaient des figures hétérodoxes : chacun, à sa façon, contrarie la norme, dans sa théorie certes mais dans son expérience vitale surtout, qui les différencie de ceux qui répètent la "doxa"...

Il m'a semblé que je ne pouvais pas continuer à écouter la nouveauté, et la violence, que m'apportent les patients – sans les réduire à ce que je sais déjà ou à ce que des livres faits avant moi en ont dit – sinon en me risquant à fond. C'est une manière de se compromettre que de se dévoiler à travers une fiction, qui montre des pans de cette intimité à partir de laquelle je comprends les autres, leur douleur, leur perversité, leur désir de mort qui sont en connivence avec les miens. Pour moi, au moment des *Samouraïs,* le roman est une condition pour continuer à avoir une écoute vivante, inventive, ouverte aux modifications des patients et de leurs symptômes. La fiction ainsi conçue est une renaissance de la person-nalité même de l'analyste, un nouvel éveil de son inconscient qui se risque par-delà la subli-mation, et revitalise sa possibilité interpréta-tive. Evidemment, la fiction établit un autre lien avec le patient : non dépourvu de séduction ou au contraire d'inhibition, il est un pari sur l'aptitude de vivre intensément le transfert et le contre-transfert. Se montrer dans le plus grand dépouillement de soi, c'est parier sur une plus grande force de la relation transférentielle, ainsi que sur la possibilité de maîtriser, et donc d'augmenter, sa valeur thérapeutique.

**E. B.** : Anne Dubreuil était analyste, mais ce que vous dites ne ressemble pas beaucoup aux *Mandarins* auxquels cependant vous faites un clin d'œil.

**J. K.** : Il y a un clin d'œil aux *Mandarins,* mais il y en a aussi un à Virginia Woolf puisque l'amant d'Olga s'appelle Dalloway comme le roman *Mrs Dalloway,* et que les rêveries d'Olga (sur le temps d'Héraclite, ou sur le deuil qui nous fait parler dès notre enfance) ouvrent sur un continent fragile, insaisissable... Je vous avouerais que, intimement, je me sens plus proche d'une autre Simone, la mystique Simone Weil, avec son populisme, ses errances et erreurs religieuses, que d'une rationaliste comme Beauvoir. Imaginer une quelconque ressemblance avec *Les Mandarins* serait, me semble-t-il, prétentieux et surtout illogique ; or, pour Joëlle Cabarus, psychanalyste et stoïcienne, l'erreur logique équivaut à une faute morale. Il n'en reste pas moins que *Le Deuxième Sexe* a été pour moi, comme pour beaucoup, une leçon ineffaçable de dignité féminine. En outre, la preuve donnée par Sartre et Beauvoir que, dans un couple, il peut y avoir de la place pour deux, reste encore et toujours un scandale et une difficulté. Là s'arrêtent les filiations et commencent les différences.

Je ne crois pas à la possibilité d'un système rationnel, basé sur les données de la conscience, de répondre au Mal et à l'Horreur dans le monde. Si l'enfer est au-dedans de nous, la question n'est pas "de ne pas désespérer Billancourt", mais de traverser l'abîme de la dépression avec ceux qui peuvent encore demander de l'aide, tout en considérant les grandes solutions à l'échelle sociale, mais de manière plus modeste, trop d'espérances portant facilement à l'erreur... Plus que l'égalité, c'est la différence des sexes qui intéresse la génération des *Samouraïs*. La maternité n'est pas forcément une fatalité, mais peut être aussi un libre choix et une source d'épanouissement personnel et social, aussi bien pour une femme, que pour le couple et l'enfant, quelles qu'en soient les épreuves. Enfin, des concepts tels que la nation, la religion, la famille ont mobilisé l'agressivité anarchiste des existentialistes qui, en conséquence, ont déblayé le terrain pour nous ; cependant, analysés et modifiés, ces concepts et ces réalités peuvent être un barrage contre la barbarie.

Cependant il y a une similitude dans la résonance sociale des *Samouraïs* et des *Mandarins* : les réactions pour le moins mitigées de la presse, et ce, malgré la consécration des *Mandarins* par le Goncourt. On peut lire que Beauvoir est "la Duchesse de Beauvoir", "la muse de Sartre", la "fourmi géante de l'existentialisme" ; son écriture est attaquée comme "relâchée", "c'est une besogne bâclée", "dialogues mille fois entendus au Café du Commerce de Fouillies-les-Oies", "fautes choquantes de syntaxe", "langage de corps de garde", "ce parler a quelque chose d'abandonné, les mains dans les poches, cigarette au coin des lèvres", une femme doublement frustrée – et par son appartenance à son sexe, et par son appartenance au mandarinat... Etc. Certes, le langage d'époque a changé, mais l'hostilité ou la méfiance persistent et elles sont même plus organisées actuellement. Les Mandarins étaient hommes et femmes de pouvoir redoutables et redoutés. Les Samouraïs s'avancent sans protection, au risque du... mythe, mais aussi de l'agression, du paternalisme, du déni... A moins que ce ne soit tout simplement ce que Mallarmé appelait "la vaste incompréhension humaine" : un phénomène immémorial et sans fin.

Pourquoi
Lettre ou
La
À prop

# Index

Pourquoi.?.....................................7
Lettre ouverte à Harlem Désir.....15
La Nation et le Verbe...................39
A propos des *Samouraïs*.............57

Achevé d'imprimer
le 6 juin 1990
sur les presses de
l'imprimerie A. Robert
116, boulevard de la Pomme - 13011 Marseille
pour le compte des éditions Rivages
5-7, rue Paul-Louis Courier - 75007 Paris
10, rue Fortia - 13001 Marseille

2e édition

Dépôt légal : juin 1990